# Z Renan  4014 (3)

Paris
1884-87

## Hamy,  Ernest-Théodore

*Decades  americanae.  Mémoires
d'archéologie  et  d'ethnographie
américaines*

Tome 3

# DECADES AMERICANÆ

## MÉMOIRES

# D'ARCHÉOLOGIE ET D'ETHNOGRAPHIE

## AMÉRICAINES

PAR

### LE Dʳ E.-T. HAMY

Conservateur du Musée d'Ethnographie du Trocadéro.

**TROISIÈME LIVRAISON**

## PARIS

### ERNEST LEROUX, ÉDITEUR

LIBRAIRE DE LA SOCIÉTÉ ASIATIQUE
DE L'ÉCOLE DES LANGUES ORIENTALES VIVANTES, ETC.

28, RUE BONAPARTE, 28

1887

# DEUXIÈME DÉCADE

## XI



### LE CIMETIÈRE DE TENENEPANCO ET LES SACRIFICES A TLALOC

M. Désiré Charnay explorant, pour la première fois, il y a vingt-six ans, les pentes septentrionales du Popocatepetl, avait découvert à une hauteur considérable, sur un petit plateau appelé Tenenepanco, des débris d'antiquités, vestiges de quelque station funéraire antérieure à l'arrivée des Espagnols.

Les circonstances se prêtaient mal, en 1859, à l'organisation d'une fouille régulière et méthodique. Notre voyageur dut donc se contenter d'effleurer le sol et d'enlever quelques menus objets; mais il s'était promis de revenir un jour exploiter ce singulier gisement, que son altitude lui faisait à bon droit considérer comme véritablement exceptionnel.

De longues années s'écoulèrent sans que M. Charnay pût réaliser ce projet. Placé enfin à la tête d'une mission scientifique que subventionnaient, à la fois, le Ministre de l'Instruction publique et M. Pierre Lorillard, de New-York, M. Charnay eut à sa disposition les moyens d'action qui lui avaient autrefois fait défaut et le 7 juillet 1880 il entreprenait, à la tête d'une escouade de travailleurs, une exploration méthodique du cimetière indien de Tenenepanco, dont le *Tour du Monde*, du 5 novembre 1881, a fait connaître les principaux résultats [1].

Les montagnards qui avaient vu notre voyageur rapporter de son ascension de 1859 quelques terres cuites plus ou moins ébréchées avaient tenté d'en trouver d'autres, pour les vendre aux antiquaires de Mexico. Ils avaient bouleversé en partie le plateau, où les premières recherches avaient été faites. Les dalles qui circonscrivaient l'enceinte funéraire ou en recouvraient les tombes, avaient été en partie arrachées, et de nombreuses pièces,

---

1) D. Charnay, *Mes découvertes au Mexique et dans l'Amérique du Centre* (le *Tour du Monde*, t. XLII, p. 289 et suiv., 5 nov. 1881). — Cf. Id. *Les anciennes villes du Nouveau Monde*, Paris, Hachette, 1885, in-4, p. 139-146.

extraites sans précaution des sépultures, avaient été descendues mutilées à Amecameca.

Il restait toutefois assez de choses en place pour récompenser largement de ses peines notre vaillant explorateur. Malgré les obstacles naturels opposés à ses recherches, M. Charnay a pu *complétement fouiller à quatre mille mètres au-dessus de la mer un espace de douze mètres sur trente* (fig. 50) et y recueillir *trois cent soixante-dix pièces*, à peu près intactes, qui sont aujourd'hui déposées dans les musées de Mexico et de Paris.

Ce cimetière de Tenenepanco n'était pas un cimetière ordinaire : non seulement il était situé dans des conditions d'accès particulièrement difficiles, à cent cinquante mètres au-dessus des limites de la végétation arborescente et à quatre ou cinq lieues de toute habitation ; il se présentait en outre sous un aspect de désordre tout à fait singulier. Les tombes étaient creusées comme au hasard, sans aucune orientation, sans aucune espèce de méthode, et les corps y avaient été jetés pêle-mêle dans les fosses, tantôt seuls et tantôt groupés, dans toutes les attitudes et à toutes les profondeurs. L'un était ramassé sur lui-même les genoux touchant le menton et les bras repliés autour ; l'autre était couché tout en long et la tête de son voisin était placée entre ses jambes. Telle tombe gisait à vingt ou vingt-cinq centimètres, telle autre se dissimulait sous un mètre quatre-vingt de sable mélangé d'argile, de *tobé*, de cendres et de pierres ponces.

Les ossements étaient complètement pourris pour la plupart, M. Charnay recouvrait vainement les moins endommagés d'une couche de stéarine bouillante ; il ne réussissait à sauver que des débris suffisants (ce qui était essentiel, on va le voir) pour déterminer l'âge des sujets, mais malheureusement dépourvus de toute signification ethnique[1]. C'étaient des portions de crânes plus ou moins déformés, des morceaux de mâchoires encore

1) Cf. E.-T. Hamy, *Anthropologie du Mexique (Recherches zoologiques pour servir à l'histoire de la faune de l'Amérique centrale et du Mexique*, I<sup>re</sup> partie, Paris, Imprim. Nat., 1884, in-4, p. 29). « Le poids des terres a déformé presque toutes ces pièces détrempées par l'humidité du sol, et l'on peut seulement constater qu'une brachycéphalie très marquée dominait chez les mieux conservées. Deux des têtes ont même, dans leur état actuel, le diamètre transverse plus grand que l'antéro-postérieur. »

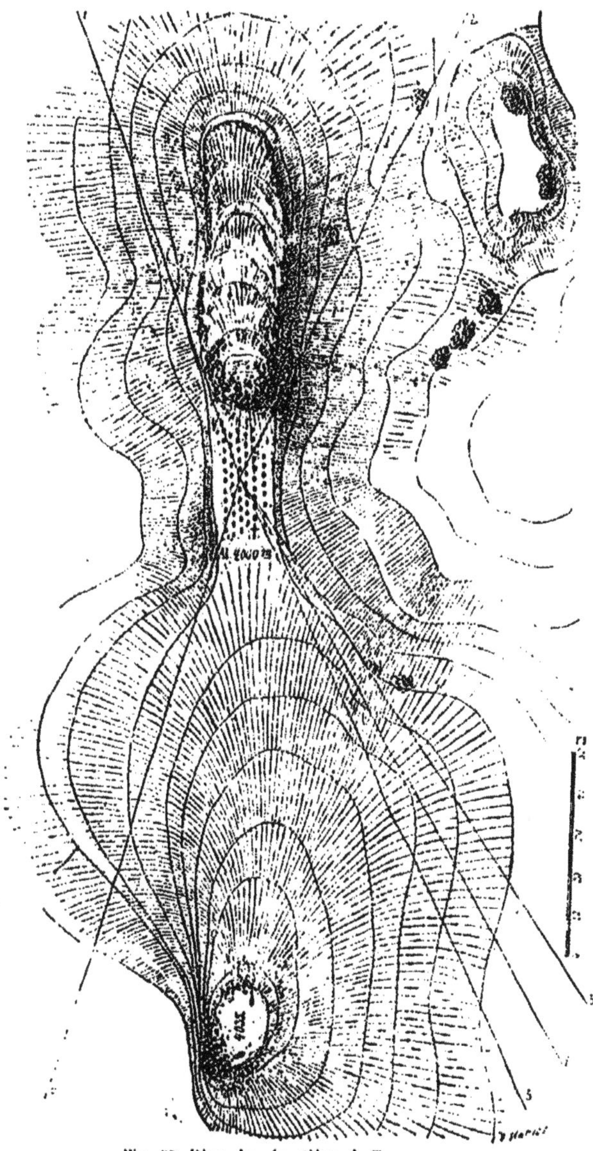

Fig. 50. Plan du cimetière de Tenenepanco.
1. Direction de l'Iztaccihuatl. — 2. Tlamacas. — 3. Popocatepetl. — 4. Pic du Moine.
5 Nombril du Moine. — 6. Barranca de Mispayautla. (D'après le dessin original
de M. Désiré Charnay.)

armées d'une partie de leurs dents, des fragments d'os longs, radius, cubitus, etc. Il n'y avait plus aucune trace du squelette des extrémités.

Chose vraiment remarquable, tous ces os, quels qu'ils soient, dans quelque tombe qu'ils aient été trouvés, sont des os de *jeunes sujets*. J'ai reconnu dans la caisse adressée au Muséum de Paris par M. Charnay des parties de cinq crânes, ces cinq crânes sont des *crânes d'enfants* [1] et aucun fragment de membre ne signale la présence d'un adulte. Nous aurons à revenir plus loin sur cette particularité.

Chacun de ces squelettes d'enfant est entouré d'objets plus ou moins nombreux, presque tous en terre cuite [2]. Ce sont des sébilles de grandeurs diverses, mais dépassant rarement quinze à vingt centimètres de diamètre (une de ces sébilles s'est rencontrée coiffant une tête qu'elle avait déformée) ; ce sont encore des coupes montées sur trois pieds ; des cruches au ventre plus ou moins rebondi, ornées de peintures rouges qui représentent des disques, des dents de loup ou une main ouverte ; des pots de différentes formes, plus ou moins ornementés ; des coupelles, des gobelets, avec ou sans anses ; des cornets, des biberons, enfin des jouets d'enfants, de modèles très variés.

La matière de tous ces objets est une argile bien épurée, plus ou moins complètement cuite [3], adroitement modelée à la main, sans le secours d'aucune espèce de tour, lissée ensuite, lustrée, puis parfois peinte avec des couleurs minérales, blanc, rouge orangé, brun ou noir brunâtre.

Les reliefs y sont habituellement obtenus par des procédés assez élémentaires : les formes générales une fois déterminées à l'aide du pétrissage, les détails sont exécutés au moyen de boulettes ou de pastilles, et de petites bandelettes de terre, appli-

---

1) M. Charnay parle bien dans son texte du *Tour du Monde* (p. 292), d'une femme dont il aurait préservé la tête : c'est une erreur. Il n'y a pas, dans les os envoyés de Tenenepanco, le plus petit débris qui provienne d'un adulte.

2) Il y a aussi, dans la collection, des obsidiennes taillées de diverses formes, et quelques spécimens de bijoux en pierre poïe, *chalchihuitl*, etc.

3) On voit sur les cassures une zone plus ou moins épaisse d'un rouge orange qui entoure une bande centrale demeurée d'un gris noirâtre.

quées sur la pièce par la pression des doigts. Un bâtonnet, un
peigne d'os ou de bois ont servi à tracer ensuite par-dessus ce
*pastillage* certains traits complémentaires.

Cette manière de modeler la terre et de la décorer est relativement archaïque au Mexique comme dans l'Ancien Monde, c'est
celle que l'on rencontre au Cerro de las Palmas, par exemple,
dans des sépultures qui sont, à bon droit, considérées comme
les plus anciennes connues de tout l'Anahuac. On la retrouve
dans les strates inférieures des vieilles villes toltèques de Tula ou
de Teotihuacan et dans quelques cimetières primitifs des états
de Tamaulipas, de Vera-Cruz, de Tabasco, etc.

Les motifs de décoration ne sont pas moins archaïques. Le plus
souvent ils se rapportent en effet au culte des divinités les plus
anciennes que l'on connaisse au Mexique, c'est-à-dire, des divinités des montagnes, des orages qui s'y forment et des eaux qui
en descendent : Tlaloc et Chalchiuhtlicue.

Les pieds des vases ont presque exclusivement la forme de
têtes de mammifères ou d'oiseaux aquatiques. Les bords des
coupes sont parfois surmontés de têtes de couleuvres, animaux
dédiés aux montagnes (*tepetl*), résidence de Tlaloc et de sa
fidèle sœur et compagne[1].

Puis ce sont les dieux eux-mêmes dont les images dessinent
leurs étranges reliefs sur le galbe des poteries. Chalchiuhtlicue se
présente sous l'aspect d'une femme qui porte sur les épaules,
cerclée de plusieurs courroies, une grande cruche pleine d'eau;
c'est presque sous le même aspect que s'est montrée à MM. J. Sanchez, G. Mendoza et Velasco, la gigantesque statue de pierre de
la déesse découverte à San-Miguel Coatlinchan en 1882[2].

Tlaloc a sa physionomie ordinaire, bien connue des lecteurs
de ce recueil[3].

Deux boulettes arrondies, entourées d'un large cercle plat, lui

1) Sahagun. *Histoire générale des choses de la Nouvelle Espagne*. Trad. Jourdanet et Siméon, liv. II, ch. XIII, p. 71 et 74.
2) J. Sanchez, *Estatua colosal de la Diosa del Agua*. (*Anales del Museo Nacional de Mexico*, t. III, p. 27 et 30, y lam., 1882. Cf. *Revue d'Ethnogr*., t. IV.
p. 361-362.) — La statue de Coatlinchan portait la cuve sur la tête.
3) Cf. E.-T. Hamy. *La croix de Teotihuacan au musée du Trocadéro*. *Revue
d'Ethnogr*., t. I, p. 410-428, 1882.

forment une paire d'énormes yeux, où l'on voit quelquefois se dess'ner vaguement une prunelle à l'aide de deux fossettes qui limit nt le disque central en dedans et en dehors[1]. Le nez est grand et droit, orné parfois d'un appendice suspendu à sa cloison, la lèvre porte le tortillon en forme de moustache, image de la nuée, qui est propre à Tlaloc et d'où se détachent, au nombre de deux, trois, ou quatre, les pendentifs aussi appelés *dents*, qui représentent la pluie. Les oreilles, à peine indiquées, ont leurs lobules percés, pour loger de volumineux cylindres; le front porte le nœud caractéristique, si souvent figuré dans les anciennes peintures indigènes; le cou est orné d'un collier de grosses pierres; enfin une blouse serrée à la taille par une ceinture, complète le costume. Le bras droit brandit la foudre figurée sous la forme d'un serpent; tandis que le gauche soulève une espèce de lourde massue.

Tel est habituellement le Tlaloc archaïque de Tenenepanco, tel il se retrouve à peu près dans les vieilles terres cuites des Otomites ou les anciens masques et les statuettes de pierre des Zapotèques.

Tlaloc dont le culte se rattache plus intimement à la religion des populations des hauts plateaux, Tlaloc passait aussi pour la plus ancienne divinité connue des Nahuas[2]. Bien avant que les immigrants Acolhuas aient atteint les lagunes (xi° siècle de notre ère)[3] on vénérait sur les sommets qui les enceignent le dieu des eaux. Son culte était notamment établi sur la montagne la plus élevée de la chaîne de Tetzcoco, qui portait encore le nom de *mont Tlaloc* au moment de la conquête espagnole.

L'idole que les Acolhuas trouvèrent en haut de ce sommet était taillée dans une pierre blanche poreuse semblable à de la ponce; sa forme était celle d'un homme assis, la face tournée vers

---

1) Parfois, l'œil est représenté par une fente horizontale ménagée dans l'intérieur du cercle en relief, sorte d'oculaire du dieu.

2) « Dicen que este Dios Tlaloc, es el mas antiguo, que huvo en esta Tierra, despues que se pobló de las Naciones, que aora la poseen. » (Torquemada, lib. VI, ch. xxiii, éd. cit., t. II, p. 45.)

3) Cf. Ixtlilxochitl, *Histoire des Chichimèques*, ch. v, trad. Ternaux Compans, t. I, p. 37.

l'Orient[1] regardant par conséquent vers Tlaxcalla, Huexotzinco
et Cholulla. Le personnage reposait sur une pierre carrée « devant
laquelle il y avait un vase en manière de terrine ou de jatte tra-
vaillée également en pierre, bien proportionnée et dans le creux
de laquelle auraient pu tenir environ six *quartiers* d'eau ». Dans
cette espèce de jatte ou de mortier il y avait une gomme qu'ils

Fig. 51. Petit pot de terre, décor pastillé représentant la tête du dieu Tlaloc.
Tenenepanco, Etat de Mexico. (*Mus. d'Ethnogr. Coll. Charnay*, n° 6021.)

appellent *ulli*, souple et élastique, fondue à la manière de la poix
dont on veut faire des pains. On y avait incorporé des semences
de toutes les plantes dont se nourrissent les naturels, par exemple
des grains de maïs de toutes couleurs, de haricots, de calebasses
et d'autres légumes encore. Cette offrande que trouvèrent les
premiers immigrants qui virent l'idole fut renouvelée chaque
année par eux après la récolte, dit toujours Torquemada[2], en
action de grâces, pour l'eau qui leur avait été donnée, et le culte
de Tlaloc se perpétua ainsi chez les nouveaux venus qui lui don-
nèrent même une importance toute spéciale dans leur rituel.

L'image du mont Tlaloc était peut-être toltèque[3], peut-

1) Cette orientation donnée à la statue du dieu peut s'expliquer par la direction des pluies auxquelles il est supposé commander. Dans cette région, en
effet, une fois passés les quinze ou vingt premiers jours de la saison humide,
pendant lesquels les orages ont surgi tantôt d'un côté, tantôt d'un autre,
sans règle fixe, toutes les pluies viennent invariablement du nord-est. (Cf. W.
Hay, *Renseignements sur Texcoco*. (*Archives de la Commission Scientifique du
Mexique*, t. II, p. 317.)

2) Torquemada, lib. VI, ch. xxiii, éd. cit.; t. II, p. 45. — Cf. Clavigero, *Storia
antica del Messico*. Cesena, 1780, in-4, t. II, p. 15.

3) « De la antiguedad de este Idolo se averiguo ser de tiempo de los Toltecas. »
(Torquemada, *loc. cit.*)

être même antérieure encore au peuple de ce nom. Quoiqu'il
en soit, l'empereur de Tetzcuco, Neçahualpilli (1472-1516),
ne trouvant point cette figure digne de la majesté du dieu
qu'elle représentait[1], donna l'ordre d'en faire une autre taillée
dans une pierre noire, dont la dureté devait assurer la per-
manence. On démonta l'ancien Tlaloc pour mettre à sa place
la nouvelle figure. Or un coup de tonnerre foudroya l'année
même la statue neuve et la réduisit en morceaux; les Acolhuas
conclurent de cet accident que c'était contre la volonté de Tlaloc
qu'on avait changé sa vieille image et la remirent à son ancienne
place. Il paraît qu'elle avait eu un bras brisé dans un de ces
transports; le malheur fut réparé à l'aide de trois gros clous
d'or, qui furent retrouvés en place, lorsque plus tard cette
« pierre diabolique » fut détruite par les ordres du trop fameux
Zumarraga.

Bien d'autres montagnes, celles de Tlaxcalla et de Toluca entre
autres, passaient pour la résidence de Tlaloc; et Torquemada
cite tout particulièrement un ancien lieu consacré à ce dieu, qu'on
nommait de son temps San-Juan Tianhuizmanalco « et qui était
situé presque à mi-côte du grand volcan de Mexico, dans la direction de l'Orient. »

C'était manifestement dans l'impossibilité de célébrer prati-
quement le culte du dieu des montagnes à une plus grande hauteur sur le Popocatepetl qu'on avait établi un sanctuaire à Tianhuizmanalco à une *legua* de la *villa* de Carion, vallée d'Atrisco
(Atlixco). L'image divine tournée vers l'est[2], comme au mont
Tlaloc, pouvait, du bord du cratère, prendre de loin sa part du
sacrifice qui lui était offert par ses adorateurs.

1) Cette dévotion spéciale était héréditaire chez l'empereur de Tetzcoco; son
père, Nezahualcoyotl, était un fidèle serviteur de Tlaloc auquel il avait dressé
une image grande et somptueuse, dans le grand temple de sa capitale. (Torquemada, *loc. cit.*)

2) Sahagun, nous parle des « idoles du volcan nommé Popocatepetl », à propos
des Tlaloques (*Trad. cit.*, liv. I, ch. xxi, p. 13), et Duran décrit une maison
très bien construite appelée *Ayauchcalli*, dans laquelle se trouvait une idole de
pierre verte, grande comme un enfant de huit ans. M. Charnay a cité dans son
livre un long passage de cet auteur relatif au culte des Indiens pour le Popocatepetl et le Teocuani, autre montagne voisine dont il fait le pic du Moine des
géographes actuels (p. 146).

C'est aussi faute de pouvoir commodément inhumer plus haut les victimes qu'on immolait à Tlaloc, que les prêtres avaient choisi à quatre mille mètres d'altitude le petit plateau de Tenenepanco pour en faire un de leurs cimetières sacrés.

Les offrandes à tlaloc n'étaient plus seulement, en effet, des graines déposées dans un vase de pierre; *l'abondador de la tierra* ne se contentait plus de ces simples dons. Comme les autres divinités plus jeunes auxquelles il s'était associé dans le culte des tribus Nahuas, le vieux dieu de la pluie avait pris goût au sang humain. On lui sacrifiait même exclusivement *des enfants* dans les hauts lieux; or nous avons vu qu'il n'y a, en effet, que des cadavres d'enfants dans le cimetière de Tenenepanco. A bien des reprises dans l'année on tuait de pauvres petits êtres, pour se rendre Tlaloc favorable. La première de ces hideuses fêtes avait lieu le premier jour du mois *atlacahualco* [1]. « On tuait un grand nombre d'enfants dans ce mois, dit Sahagun, on les sacrifiait en beaucoup d'endroits sur le sommet des montagnes, en leur arrachant le cœur pour honorer les dieux de l'eau [2], afin d'en obtenir des pluies abondantes. Ceux qu'on devait tuer étaient couverts de riches vêtements pour être conduits au sacrifice. On les portait sur les épaules dans des litières enrichies de plumes et de fleurs, tandis qu'au devant d'eux, d'autres marchaient en chantant, dansant et jouant des instruments.

« Si, pendant le trajet, les enfants pleuraient et versaient des larmes abondantes, ceux qui les emportaient s'en réjouissaient parce qu'ils y puisaient la conviction qu'il y aurait de grandes pluies cette année [3]. »

Au second mois *tlacaxipeualiztli*, on faisait périr de nouvelles petites victimes; au troisième mois *toçoztontli*, les sacrifices d'enfants reprenaient de plus belle, accompagnant l'offrande à

---

1) *Atl*, eau; *caua*, cesser. Mois de la fin de la pluie.

2) Il faut comprendre sous ce nom et Tlaloc lui-même et sa sœur Chalchiuhtlicue, et tout un ensemble de divinités secondaires, désignées sous le nom de *Tlaloques*. On supposait, dit Torquemada, que sur chaque sommet il y avait un dieu moindre que Tlaloc, et soumis à son autorité, qui par ses ordres faisait engendrer et se dissoudre en eau les nues, etc. (Lib. VI, cap. xxiii, t. II, p. 40.)

3) Sahagun, *Trad. cit.*, liv. II, ch. i, p. 57-58.

Tlaloc des premières fleurs de l'année : on en égorgeait d'autres encore au quatrième mois *uei tocoztli*. Bref « on sacrifiait des enfants dans toutes les fêtes jusqu'à ce que les eaux devinssent abondantes [1]. »

C'étaient, au moins pour la première de ces épouvantables

Fig. 52. Tasse à bord dentelé portant l'image de Tlaloc pastillée en relief. Nahualac, état de Mexico. (*Mus. d'Ethnogr., Coll. Charnay*, nº 6039.)

cérémonies, des enfants à la mamelle qu'on achetait à leurs mères. Pour les sacrifices subséquents on préférait des victimes moins jeunes [2].

« Ils choisissaient de préférence ceux qui portaient deux remous de cheveux sur la tête et qui étaient nés sous un bon signe. Ils prétendaient qu'ils formaient un plus agréable sacrifice pour ces dieux, afin d'en obtenir de la pluie en temps opportun. On les allait tuer sur des montagnes élevées que par vœu on avait choisies pour l'offrande. » C'étaient la sierra de Quauhtepetl non loin de Tlatelolco, la montagne de Yoaltecatl, près de Guadalupe ; Poyautla, aux limites de Tlaxcalla [3], etc. C'était aussi le plateau de Tenenepanco, dont aucun auteur n'a parlé, mais dans les fouilles duquel on peut relever toutes les circons-


1) Sahagun, *Trad. cit.*, ch. iv, p. 61.
2) Id. *Ibid.* — Cf. Torquemada, liv. VII, cap. xx, t. II, p. 119, etc.
3) Sahagun, *Trad. cit.*, liv. II, ch. xx, p. 84-85.

tances caractéristiques des sacrifices aux divinités des eaux : altitude considérable, présence exclusive de squelettes d'enfants, nombreuses figures de Tlaloc ou de Chalchiuhtlicue représentées sur les jouets qui les entourent, pieds des vases modelées en forme d'animaux plus spécialement consacrés à ces divinités, etc. Il n'est pas jusqu'aux pierres relativement précieuses trouvées

Fig. 53. Petit cornet en terre cuite pastillée représentant Tlaloc brandissant la foudre. Nahualac, État de Mexico. (*Rev. d'Ethnogr.*, *Coll. Charnay*, n° 6022.)

par M. Charnay, dont la présence ne s'explique très bien à Tenenepanco. Sahagun nous dit, en effet, que « ces pauvres enfants destinés à la mort étaient soigneusement ornés de *pierres précieuses*, de belles plumes, de manteaux et de ceintures très bien brodés. » On les chaussait de *cotaras* fort élégamment ouvragées ; on leur adaptait des ailes de papier semblables à celles des anges et on leur recouvrait la figure d'huile d'*ulli* ; on leur peignait sur le milieu du visage de petits ronds blanchâtres et on les plaçait sur des litières embellies par de beaux plumages et des *joyaux de valeur* [1]. » Ce sont quelques-unes de ces pierres soigneusement travaillées, que M. Charnay a recueillies au cours de ses fouilles [2].

Pierres dures et terres cuites, figurines de Tlaloc ou statuettes

1) Sahagun, *Trad. cit.*, p. 85-86.
2) C'étaient surtout des objets travaillés dans la précieuse roche verte appelée *chalchihuitl*, dédié à *Chalchiutlicue*.

des animaux qui lui étaient consacrés, tout le matériel de Tenenepanco, s'est retrouvé un peu plus bas (3,790 m.), le long des pentes du massif du Popocatepetl, dans une petite vallée appelée Nahualac, mais avec des mélanges d'objets d'un tout autre caractère.

Cette station de Nahualac, que M. Charnay a brièvement décrite[1] et à laquelle je ne veux consacrer que quelques lignes en terminant ce mémoire, n'était plus un cimetière, mais un étang sacré dédié aux divinités des eaux.

Les objets qu'on y trouve sont, pour une certaine part, tout à fait identiques à ceux de Tenenepanco (pl. IV et fig. 52, 53), et ceci prouve manifestement qu'à l'époque déjà lointaine où l'on immolait des enfants à Tlaloc sur le plateau supérieur, on présentait plus bas des offrandes à cette même divinité.

Mais aux récipients de toute forme, relativement anciens, de Nahualac en sont mélangés d'autres d'un travail plus moderne et d'une signification souvent bien différente. Ce sont pour la plupart des statuettes encore, mais ces statuettes sont poussées dans un moule comme toutes les œuvres de même ordre de la civilisation aztèque. Elles représentent, en outre, des symboles religieux qui se rattachent à un autre culte, celui de Tezcatlipoca, l'une des manifestations du soleil chez les Aztèques, qui venaient, semble-t-il, offrir leurs hommages à l'astre du jour, sur l'emplacement autrefois occupé par un sanctuaire de Tlaloc.

La petite collection, déposée par M. Charnay au musée du Trocadéro, comprend avec quelques idoles du dieu des eaux (fig. 52 et 53) quatre statuettes de Tetzcatlipoca, dont une fort curieuse, représente le dieu assis sur l'ocelot, animal dont certains mythes lui font prendre la forme dans ses enchantements. On y peut voir encore un sifflet de terre noire paraissant représenter une tête de Cipactli; des statuettes d'une divinité féminine, impossible à identifier; enfin des terres cuites assez diverses, ornées de têtes d'ocelots, de coyotes, etc.[2]

---

1) *Les anciennes villes du Nouveau Monde*, p. 148-149.
2) Parmi les vases dont nous n'avons que la photographie se trouve un exemplaire du *comitl* si souvent représenté dans les peintures aztèques. Les coupes tripodes sont communes, avec les pieds creux à grelots.

Des mélanges analogues ont été constatés par M. Charnay dans l'abri sous roche de Mispayantla, un peu plus bas sur les pentes du massif montagneux (3,160 m.). Une curieuse fiole d'aspect très archaïque, pastillée en manière de Tlaloc, qui est au Trocadéro [1], a été extraite du sol profondément remanié de cet abri, en même temps que des terres cuites brisées d'un travail bien plus moderne [2].

Un vieux Tlaloc en pierre, tenant sur son ventre un bassin [3], a été recueilli plus bas encore à Apatlatepitonco, associé à des images de Quetzalcoatl, de Centéotl, etc.

Il n'y a pas lieu de s'arrêter plus longtemps à ces stations de Mispayantla et d'Apatlatepitonco, sur lesquelles on ne possède que des données tout à fait insuffisantes. Mais je crois devoir insister, en terminant ce petit mémoire, sur le double aspect que présente la station de Nahualac. Les superpositions archéologiques, dont ce gisement fournit un remarquable exemple, ont été fort rarement constatées avec une pareille netteté, dans l'Anahuac, mal fouillé jusqu'ici, et où elles devraient se manifester à chaque coup de pioche sous les formes les plus tranchées.

En résumé, les stations découvertes par M. Charnay dans le massif du Popocatepetl, sont de deux ordres et de deux époques. L'une, Tenenepanco, est un cimetière spécial creusé à une très grande altitude et destiné à inhumer les débris des jeunes victimes immolées en l'honneur des divinités des eaux : ses carac-

---

1) Il est fort remarquable que les images de Tlaloc relativement fréquentes à Tenenepanco et dans les autres stations du Popocatepetl découvertes par M. Charnay, soient au contraire si rares à Mexico et dans les environs immédiats de cette capitale. La collection américaine du Louvre ne paraît contenir qu'une seule figure de ce dieu, et le musée du Trocadéro n'en possédait que six venant de l'Anahuac avant les fouilles de M. Charnay à Tenenepanco, Nahualac, Mispayantla et Apatlatepitonco.

2) M. Charnay a rapporté de Mispayantla, outre le petit vase à figure de Tlaloc, deux sifflets à décor pastillé, d'un travail archaïque, des débris de flageolets qui sont au contraire du temps des Aztèques, enfin quelques fragments de plats de cette même époque.

3) Cette pose est exactement semblable d'une part à celle du dieu sur le vase rapporté des *casas grandes* de Chihuahua par M. Guillemin Tarayre (*Revue d'Ethnogr.*, t. I, p. 353, 1882), d'autre part à celle des statues de Tlaxcala et de Chichen Itza, qui sont au Musée national de Mexico; à celle de la statue de la collection Barron à Tacubaya (*Ibid.*, t. I, p. 163-167); enfin à celle de la petite idole de Puebla qu'on peut voir au Musée d'Ethnographie.

tères sont archaïques et il est assurément antérieur à la période aztèque. L'autre, Nahualac, un peu moins élevé dans la montagne, est un lieu d'offrandes, fréquenté à la même époque que le cimetière de Tenenepanco par les sectateurs de Tlaloc et consacré plus tard, sous la demination des Aztèques, au culte de Tetzcatlipoca.

# XII

## ESSAI D'INTERPRÉTATION D'UN DES MONUMENTS DE COPAN (HONDURAS)

Les ruines de Copan, situées comme l'on sait, dans le Hondu-
ras, à quelques kilomètres de la frontière nord-ouest de ce petit
État, ont été découvertes dès 1576 par le licencié Diego Garcia
de Palacio, auditeur de l'audience royale de Guatémala, mais
elles n'ont été l'objet de recherches un peu suivies que lorsque
le colonel D. Juan Galindo vint y pratiquer des fouilles au mois
d'avril 1834[1]. Le mémoire consacré par cet observateur aux antiquités de Copan ne fut publié que très incomplètement, et les
dessins qu'il avait exécutés ne sont connus des américanistes que
par quelques lithographies, dont il n'existe d'ailleurs qu'un fort
petit nombre d'épreuves avant la lettre[2].

L'une de ces lithographies représente, entre autres objets an-
tiques dessinés à Copan, une grande pierre dont la surface régu-
lièrement convexe, creusée au centre d'une petite cuvette, est
entourée d'une sorte de tresse dont on voit, sur le dessin, appa-
raître douze torsades.

Dans la note demeurée inédite, qu'il envoyait à la Société de
Géographie sous la date du 19 juin 1834, Galindo décrivait ce
monument comme « une pierre presque sphérique avec un cein-
turon à l'entour » et ajoutait : « Son diamètre horizontal est de
1ᵐ,568, son diamètre perpendiculaire, qui est le plus petit, est
d'un mètre seulement ; elle a une petite cavité circulaire dans sa
partie supérieure et une ligne sinueuse la sillonne à l'extérieur[3]. »

---

1) D.-J. Galindo. *The Ruins of Copan in Central America.* (*Archæologia
Americana. Transactions and Collections of the American Antiquarian So-
ciety,* vol. II, p. 545-550, 1836.)
2) Ces lithographies, au nombre de cinq, avaient été dessinées chez Bineteau, vers 1836. Les pierres ont été effacées avant d'avoir jamais porté de
légende et ce n'est que par la comparaison des épreuves avec les dessins de
Galindo, dont les originaux existent dans les archives de la Société de géographie, qu'il m'a été possible d'en identifier toutes les figures.
3) Ce dernier détail, bien apparent dans le dessin original, a été omis dans
l'épreuve lithographique. On verra plus loin combien grande est l'importance
de cette « ligne sinueuse » vue pour la première fois par Galindo.

« Quel était ce caprice de l'art? » s'écriait en terminant l'antiquaire américain.

Quel peut bien être ce symbole? m'étais-je répété moi-même en examinant la lithographie de Bineteau, et en la comparant avec la gravure sur bois dessinée quelques années plus tard pour le grand ouvrage de Stephens[1].

Je m'occupais alors de certaines courbes d'un caractère tout spécial, gravées ou peintes sur diverses pièces anciennes découvertes récemment dans les deux Amériques, et je regrettais que les traits creusés à la surface de la pierre convexe de Copan fussent si peu visibles dans les vues des profils de Galindo et de Catherwood. Il me fallait, pour pousser plus loin mon étude, une vue d'en haut du singulier monument qui excitait ainsi ma curiosité. Un jeune et intelligent voyageur, M. Louis Adam, récemment revenu en France de l'Amérique centrale, m'a fourni il y a quelques jours, la figure que je voulais voir et par suite la solution que je poursuivais sans l'atteindre.

M. Louis Adam, venu pour m'inviter à visiter une curieuse collection d'antiquités recueillies par lui au Salvador, m'apportait, pour me les soumettre, des albums de croquis exécutés en janvier 1884 dans les ruines de Quirigua et de Copan par un ancien officier de l'armée française, le capitaine Toufflet, mort depuis lors au Guatémala, et l'une des premières figures que j'apercevais dans l'album était précisément la calotte de pierre de Galindo et de Catherwood, vue cette fois de profil et d'en haut.

Or le deuxième des croquis de notre compatriote montrait justement sur la surface convexe de la pierre, la courbe symbolique dont j'avais pressenti l'existence à l'aide des documents incomplets que je possédais.

On comprendra facilement l'intérêt qui s'attache à cette constatation, lorsque l'on saura que la figure ainsi tracée sur un monument religieux à Copan n'est autre que le *Taï-ki, taai*

[1] J.-L. Stephens, *Incidents of Travel in Central America, Chiapas and Yucatan*. New-York, 1867, vol. I, p. 157.

*kilk, tae-keih, tae-hei*[1], l'un des symboles les plus vénérés des Chinois.

Le *Taï-ki*, suivant l'école de Tchou-hi ou Tchou-Fou-tseu, est le *grand extrême, le grand absolu, le grand faîte*, le *pôle* du monde. C'est un principe très parfait, qui n'a ni commencement

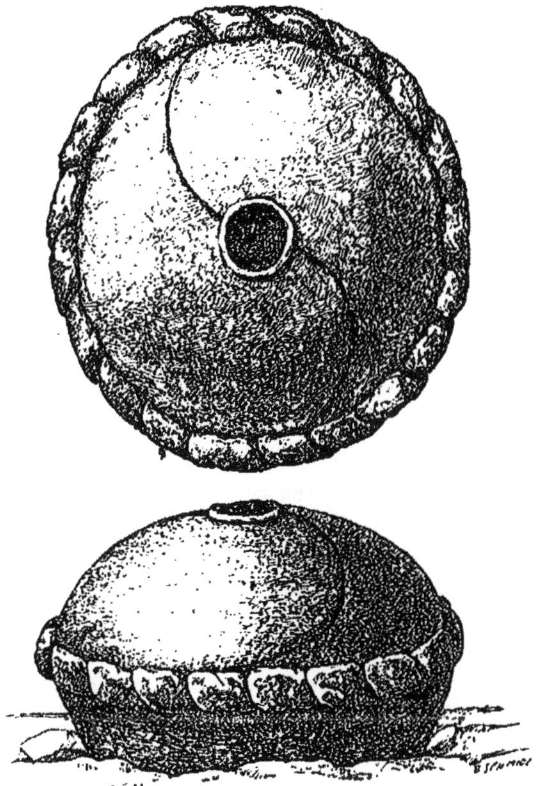

Fig. 54 et 55. L'autel hémisphérique de Copan, vu de profil et d'en haut.

ni fin ; c'est l'idée, le modèle et la source de toutes choses, c'est l'essence de tous les êtres[2].

1) Ce sont en effet les diverses formes du même mot, telles que du Halde et les anciens Jésuites, Davis, Edkins, von Faber, Jones, les ont transcrites dans leurs ouvrages.

2) J.-B. du Halde. *Description géographique, historique, chronologique,*

On représente le *taï-ki* de la manière suivante : sur le demi-diamètre d'un cercle donné, dit Davis[1], décrivez un demi-cercle et sur le demi-diamètre restant, décrivez en sens contraire un autre demi-cercle.

La figure ainsi obtenue, combine ce que les Chinois nomment le *Yang* et le *Yin*, c'est-à-dire la force et la matière, l'actif et le passif, l'essence positive et l'essence négative, la lumière et l'obscurité, le principe mâle et le principe femelle, l'âme ration-

Fig. 56. Le Taï-ki, d'après la figure de Davis.

nelle et l'âme physique. L'un de ces principes est représenté de couleur claire, l'autre de couleur foncée, et pour mieux symboliser la pénétration du second principe par le premier on ajoute au milieu de la figure foncée un petit disque clair, tandis qu'un petit disque foncé au contraire sera peint au centre de la figure claire[2]. Ces petits accessoires dont l'invention est postérieure à celle du *Taï-Ki* proprement dit, font défaut sur notre monument de Copan qui répète exactement les représentations chinoises anciennes de

politique et physique de l'empire de la Chine. La Haye, 1736, in-4, t. II, p. 36-37. — Cf. E. J. Eitel. *Fong-Shoui ou principes de science naturelle en Chine* (Ann. du Mus. Guimet, t. I, pass.); J. Edkins, *La religion en Chine*, (Ibid., t. IV, p. 132 et suiv.)

1) J.-F. Davis, *La Chine ou description générale des mœurs et des coutumes, du gouvernement, des lois, des religions, des sciences, de la littérature, des productions naturelles, des arts, des manufactures et du commerce de l'empire chinois*, trad. fr. Paris, 1837, t. II, p. 21-22.

2) « Suivant la cosmogonie chinoise, dit M. Max von Faber, l'univers était. au commencement, une vésicule ou cellule, dans laquelle se trouvait enfermé ule chaos gazeux, nommé *guoan-Ki*. Cette cellule fondamentale, c'est le *t'aai-Kitk*, c'est-à-dire, le commencement.

« Le *guoan-K'i* était une mixture intime de deux sortes de gaz, dont une sorte nl'*iang*, c'est-à-dire, le *vivifiant* ; le *vivant et traitant avec connaissance ; cactif; le masculin*, la *lumière* ; et l'autre sorte le *im*, c'est-à-dire le *vivant privé de sentiment ; le passif; le féminin;* l'obscurité. Le *t'aai-Kitk* (le coml'école de Tchou-hi. On pourra comparer, par exemple, la vue d'en haut de la pierre de Copan avec les dessins qui ornent les parois du vase chinois précédemment emprunté à la *Céramique* de Jacquemart. Ce décor, dont un *taï-ki* forme le centre, représente ce symbole dans des orientations inverses, encadré de quatre *Koua*, *Touy* et *Kien*, d'une part, *Kouen* et *Kien* de l'autre[1].

Une image populaire, que nous avons récemment reçue du Tonkin, montre le *taï-ki* point en vert et en rouge au milieu d'un *Sien Tien*, composé des mêmes *Koua* que celui qu'a reproduit M. Dumoutier dans la *Revue d'Ethnographie* de 1885, mais tout autrement disposé. Ce premier ensemble est entouré de vingt-huit médaillons circulaires peints de diverses couleurs et qui contiennent chacun un caractère chinois. Quatre autres signes plus gros figurent dans les angles. Le haut de la planche est occupé par des cartouches où sont inscrits les signes correspondants aux idées de *rareté*, de *longue vie*, de *richesse* ; dans le bas on trouve les signes qui rendent les idées de *gain* et de *bonheur*.

mencement) était représenté de la manière ci-jointe ; le rouge (1) correspond à l'élément *iang* et le noir à l'élément *im* ; la grande portion rouge est nommée *t'aai-iang* et la grande portion noire est nommée *t'aai-im* (2). L'œil rouge dans le champ noir (3) est nommé *sio-iang* (4) ; et dénote l'existence présente du *iang* dans le *im* : l'œil noir dans le rouge se nomme *sio-im* (5), et dénote l'existence présente du *im* dans le *iang*. C'est une sorte d'ubiquité du

*iang* dans le *im* et du *im* dans le *iang*. » (Max von Faber, *Transcendentale Voorstellingen der Chineezen. — De Indische Gids. Statt-en Letter Kundig Maardschrift*. Amsterdam, avril 1884, p. 703-704.)

1) Cf. *Revue d'Ethnographie*, t. IV, p. 19 et 324. 1885.

1) C'est la partie claire de la figure.
2) C'est-à-dire le grand *iang* et le grand *im*.
3) C'est le point blanc de la figure.
4) Le petit *iang*.
5) Le petit *im*.

Cette page d'impression, où le symbole, retrouvé à Copan, est ainsi honoré, comme le centre de tout bien, l'axe autour duquel gravitent toutes les prospérités, cette page d'impression, dis-je, fait partie des feuilles d'imagerie populaire, qui de la Chine se sont répandues dans les pays du Sud[1].

On trouve encore le *taï-ki* inscrit sur le revers de certaines tablettes magiques, usitées dans les sacrifices que l'on fait pour obtenir la pluie; gravé sur des fauteuils, des tables, des canapés, en bois dur de Canton; peint sur des bannières de temples ou sur les bandes de papier rouge que l'on suspend aux portes à l'approche du Nouvel An[2]; enfin attaché à un certain nombre d'objets usuels, pipes, etc. [3]. C'est donc un signe très répandu, très populaire, non seulement en Chine, mais dans toutes les contrées qui ont plus ou moins subi l'influence de la civilisation chinoise.

Signaler la présence d'un tel symbole à Copan, dans cette ruine où l'on a déjà relevé tant de manifestations d'un art étrange et curieux, parfois apparenté de près à ceux de l'extrème orient du vieux monde, c'est fournir une nouvelle preuve très sérieuse à l'appui de la théorie qui fait venir d'Asie l'un au moins des courants civilisateurs dont l'Amérique a jadis ressenti la bienfaisante influence.

C'est de plus fixer à ce monument de Copan une date au delà de laquelle son érection serait invraisemblable. Si, en effet, comme on l'assure, Confucius a parlé du *taï-ki* dans un appendice placé à la fin de son commentaire du Yi-king [1], c'est seulement sous la dynastie des Song (1126-1278 de notre ère), que la doctrine qui fait de ce symbole le principe de toutes

1) M. le lieutenant de vaisseau Gouin, résident de France à Nam Dinh, auquel nous en devons la connaissance, l'a achetée au moment de la grande fête du Tât et s'est assuré qu'elle avait été imprimée à Tay-hô, près de Ha-noï. (*Comptes rendus de la Soc. de géogr.*, 1885, n° 14, p. 418, 3 juillet 1885.)

2) Il fait souvent pendant au signe feu, renversé, qui a le pouvoir de protéger les maisons contre l'incendie. (Jametel, *Notes mss.*)

3) Le musée d'Ethnographie possède une amulette de pipe recueillie par M. Brau de Saint-Pol Lias au Tongkin et qui porte un taï-ki, qui ne diffère de ceux dont il vient d'être question que par le double contour de sa courbe intérieure.

4) J.-B. du Halde, *op. cit.*, p. 36.

choses a commencé à se répandre largement en Chine. C'est donc au xiii° siècle au plus tôt, qu'on pourrait faire remonter le monument qui le représente à Copan.

Il orne, dans l'enceinte sacrée de la vieille cité religieuse, la face supérieure d'un autel [1], et cet autel, comme tous ceux que l'on a découverts dans cette merveilleuse ruine, est placé devant une statue.

Il serait particulièrement intéressant de connaître, dans tous ses détails, la figure à laquelle était consacrée une pierre d'offrande d'un caractère si spécial. Par malheur l'idole, marquée M sur le plan de Stephens et Catherwood, qui correspond à l'autel hémisphérique, a été anciennement brisée. Le piédestal seul demeure en place et l'on y peut voir les deux pieds chaussés de riches sandales, sculptées avec beaucoup de soin. Le reste de la statue, couché sur le dos, est caché dans toute sa longueur par un gros tronc d'arbre depuis longtemps tombé sur elle [2].

Espérons que M. Maudsley, dont on nous signale la présence dans les ruines de Copan, donnera une nouvelle preuve de son zèle éclairé pour l'archéologie américaine en faisant dégager et mouler cette idole, dont l'examen attentif peut faire beaucoup avancer la solution de l'important problème que soulèvent les ressemblances manifestées une fois de plus entre les monuments des pontifes de Copan et ceux des disciples de Tchou-hi [3].

1) Voici ce qu'en a dit Stephens à la page citée plus haut de ses *Incidents of Travel* « Opposite is a circular altar with two growes on the top, three feet high, and five feet six inches in diameter, an engraving of which is here given » (vol. I. p. 157.)

2) Stephens, *loc. cit.*, fig.

3) C'est la première fois que le *taï-ki* est signalé avec une pareille netteté sur un monument religieux de l'ancienne Amérique. On rapprochera cette observation curieuse de celles que nous avons déjà précédemment recueillies. Les lecteurs de ces décades voudront bien se rappeler le signe presque semblable quelquefois usité chez les Chimus et les Yuncas.

Les *mound builders* connaissaient et vénéraient, nous l'avons vu, également un symbole de même ordre, mais dans lequel le cercle était coupé en trois ones au lieu de l'être en deux.

# XIII

## LES STATUES DE TEHUACAN DE LAS GRANADAS

I. — Le Musée National de Mexico possède depuis de longues années deux statues en tuf trachitique (*toba traquitica*)[1]. portant encore des traces de peinture et incrusté de *thalchihuit* et autres pierres dures; elles ont été trouvées ensemble à une époque indéterminée dans une fouille pratiquée à Tehuacan de las Granadas.

Cette ville, aujourd'hui simple chef-lieu de district de l'État de Puebla, à une douzaine de lieues au sud-ouest d'Orizava, était autrefois fort riche en monuments indigènes. « Particulièrement adonnée, suivant les expressions de Torquemada, au culte et au service des démons[2] » la ville de Tehuacan, dont le nom signifie le *lieu où l'on possède des Dieux*, contenait un vaste panthéon que Fr. Juan de San Francisco détruisit, aussi complètement que possible. peu de temps après la conquête[3].

Les deux statues du Musée National avaient été probablement enfouies avant cette exécution par quelque Indien, resté fidèle au culte des ancêtres; elles sont sorties presque intactes de la

1) Cf. G. Mendoza y J. Sanchez, *Catálogo de las colecciones histórica y arqueológica del Musco National de México*. Mexico, Escalante, br. in-18, p. 35.

2) « Tehuacan… pueblo… particularmente dedicado a la cultura y servicio de los Demonios en su antiguedad conforme a la Etimologia del nombre, que parece significar *lugar de los Diosos*; y asi era grande el numero de los Idolos que en aquel Pueblo hauia. » (J. de Torquemada, *Tercera parte de los veinte i un libros ritualesi Monarquia Indiana*, lib. XX, C. XLIII, 2ᵉ éd., Madrid, 1723, t, III, p. 480-481.)

3) « Como el celo del Varon de Dios era, que solo vn Dios verdadero fuese adorado, y destruidos todos los demas que fingidamente vsurpaban este Nombre: hiço recoger el siervo de Dios de estos todos los que pudo con intento, de que en vn Dia señalado se hiciese vn solemne sacrificio a la Divina Magestad, destruiendo y asolando publicamente esta abominacion, etc. » (Torquemada, libr. XX, c. XLIII. t. III, p. 481. — Cf. Id. libr. XVII, c. XIV, t. III, p. 173 et Vetancurt, *Menologio franciscano*, p. 79.) Les dominicains s'étaient établis de très bonne heure à Tehuacan (Torquemada, libr. XVII, c. VI, t. III, p. 222; libr. XIX, c. IX, t. III, p. 324. — Cf. Vetancurt, *Teatro Mexicano*, 4 p., t. II, p. 66. Mexico, 1698, in-f°.)

cachette qui les avait soustraites au xviᵉ siècle aux fureurs des
émules de Zumarraga [1].

Quand on se trouve en présence de ces deux uniques survivants

Fig. 57. Chicuei-Miquiztli, figure symbolique de Tehuacan delas Granadas.
(d'après un moulage conservé au Musée d'Ethnographie.)

du panthéon de Tehuacan [2], on est tout aussitôt frappé des carac-
tères communs qu'ils présentent. Ils ont exactement la même
taille (1ᵐ,15), presque les mêmes contours généraux, la roche

1) Nous en avons au Trocadéro deux excellents moulages exécutés par les
soins de M. Charnay à Mexico.
2) « No subsisten de el, dit Dupaix en parlant de Tehuacan, sino unas grandes
ruinas de templo y caserias de cal y canto, situados en ladera de unos cerritos. »
(Dupaix, 1ʳᵉ expédition, p. 5.)

est identique et la main-d'œuvre diffère si peu, de l'une des deux
œuvres à l'autre, qu'on se sent tout porté à croire qu'elles sont
sorties autrefois d'un même atelier.

Ce sont deux pendants, ou tout au moins deux termes d'une
série disposée symétriquement jadis dans quelque édifice religieux de la ville. Nous allons voir que les inscriptions mysté-
rieuses qu'elles portent à la nuque et qui ont échappé jusqu'ici à
l'attention des archéologues qui les ont examinées établissent
entre elles une solidarité nouvelle.

La première de ces statues, le numéro 4 du catalogue cité
plus haut, a surtout provoqué l'attention des archéologues et des
ethnographes[1]. Le personnage féminin qu'elle représente est bien
fait d'ailleurs pour attirer le regard. Son corps de vieille, aux
seins flétris et déprimés, est surmonté d'une tête de mort ornée
de turquoises ; ses mains aux paumes calleuses, parce qu'elles ont
beaucoup travaillé, se projettent comme pour saisir le malheu-
reux passant ; de hideux serpents à sonnettes s'entrelacent pour
tisser sa jupe ; enfin ses pieds aux larges doigts sont armés
d'énormes griffes. C'est bien Miquiztli, *la mort,* toute prête à
remplir son lugubre office, ainsi que MM. Mendoza et Sanchez,
Charnay, Lucien Biart et beaucoup d'autres l'ont très facilement
reconnu[2]. Mais c'est Miquiztli sous une forme redoublée et

1) M. Méhédin, par exemple, dans une note datée de 1865 (*Divinité mythique
de la mort à laquelle on offrait les victimes humaines par plusieurs milliers à
la fois dans les rites religieux de l'antiquité mexicaine. Nouvelle description,*
par Léon Méhédin, Paris, Lainé et Havard, in-fol.) la rapprochait de la grande
idole de Teoyaomiqui. « La figure n°° 75-76 (c'est celle de notre statue catalo-
guée sous ces deux numéros dans son portefeuille de dessins) vue sur ses deux
faces n'est-elle point une variante très intelligible et rendue plus humaine de
cette terrible déesse de la mort, Teoyaomiqui ? Ce spectre sur des épaules de
femme et la position des mains prêtes à se jeter sur les mortels ne sont-ils pas
expressifs autant que notre squelette classique armé de sa faulx ?... » La statue
dite de Teoyaomiqui est une divinité complexe où la mort intervient bien,
mais pour combiner ses symboles avec d'autres symboles du panthéon mexicain, tandis que notre pièce représente exclusivement Miquiztli.
2) Seul de tous les archéologues qui ont étudié cette sculpture, M. Alfred
Chavero y a vu autre chose que Miquiztli. Rapprochant ce morceau, comme
l'avait fait M. Méhédin, de la grande et célèbre statue souvent désignée sous le
nom de *Teoyaomiqui,* et dont il fait une représentation de *Coatlicue.* (A. Chavero,
*La piedra del Sol.* XVI. *Anales del Mus. Nac. de Mexico,* t. II, p. 293-298.)
M. Chavero attribue à cette dernière divinité la figure que nous étudions. « La
mujer, écrit-il (p. 298), tiene per cabeza una calavera adornada de turquesas :

particulièrement terrible, ainsi que le démontre l'hiéroglyphe
dont le sculpteur a caché le relief derrière la tête (fig. 24). Cet
hiéroglyphe représente en effet une tête de mort vue de profil,
entourée de deux séries de rayons et à droite de laquelle sont
*huit* petits disques numériques. Cet ensemble doit se lire
*Chicuei* (huit) *Miquiztli* (mort) ; huit, mort.

Or *Chicuei Miquiztli* est dans le calendrier astrologique
mexicain, le huitième jour de la septième treizaine (*ce-quiauitl*)
et c'est le seul jour dans la série du *tonalamatl* où le signe

Fig. 58. Hiéroglyphe représenté en relief sur l'occiput de la statue de Miquiztli.

*Miquiztli*, nom du jour, coïncide avec le même signe *Miquiztli*,
employé comme symbole du cinquième des *Seigneurs de la nuit* [1].

las manos estan en actitud de hacer presa, y las tiene encallecidas de tomar
hombres para la muerte : la adorna una enagua de culebras. Es tambien *Coatlicue*,
la tierra en la noche, la muerte. » Et dans ses notes au catalogue de
MM. Mendoza et Sanchez, il dit encore (*Ibid.*, t. II, p. 484) : « No solamente
*Miquiztli*, otras deidades tienen por cabeza una calavera, como son *Coatlicue*
*i Izpapalotl* : asi es que para classificar las justamente, es preciso atender a
sus otros attributos. Aqui es *Coatlicue* que significa enagua de culebras, y en
efecto, tal enagua se ve en el idolo. *Coatlicue* es una de las representaciones de
la terra en cuyo seno se depositan los cadaveres, y por eso la vemos con las
manos encallecidas de tomar muertos. » M. Chavero n'a pas vu plus que ses
prédécesseurs les hiéroglyphes placés sur l'occiput de la statue, et sur l'étude
desquels repose l'interprétation que je propose.

1) On nomme *tonalamatl* le calendrier archaïque d'origine manifestement
lunaire (les Nahuas l'appelaient aussi *Metztlapohualli*, compte de la lune) qui
se combinait chez les Mexicains avec le calendrier vulgaire divisé en *vingt
treizaines*. L'année y est de 260 jours. Les figures des 20 jours de chacun des
mois du *calendrier vulgaire* s'y suivent dans l'ordre habituel, mais la numé-
ration change à partir de 13, de sorte que la seconde treizaine ou *tridécatéride*
voit coïncider son premier jour avec le quatorzième de la série vulgaire. Il
résulte de cette combinaison que dans la période des 260 jours, aucun signe
n'est affecté deux fois du même numéro d'ordre dans les treizaines, et que
par conséquent la combinaison du numéro d'ordre dans la treizaine et du nom
du jour suffit à caractériser ces 260 jours du *tonalamatl*. Mais le deux cent
soixante et unième jour de l'année vulgaire répéterait exactement le premier

C'est un jour plus particulièrement placé sous la puissance de la
mort, jour terrible entre tous et dont l'influence était regardée
comme particulièrement néfaste. Sahagun nous apprend que
« ceux qui naissaient ce jour-là étaient mal vus et détestés de
tout le monde. » Ils avaient d'ailleurs, ajouta-t-il, selon les
Mexicains, « toutes les mauvaises inclinations et les pires vices
qui existent[1]. »

. II. — A cette horrible figure de la mort fait pendant, dans la
salle d'entrée du musée de Mexico, une seconde statue, aussi
trouvée à Tehuacan de las Grenadas et dans les attributs un peu
indécis de laquelle on est tout porté à chercher exactement le
contraire de ce que la première vient de nous montrer si claire-
ment. A la déesse de ténèbres et de mort on veut opposer un
dieu de lumière et de vie ; à côté de celle qui détruit on place
celui qui crée, Xiuhtecuhtlitletl, dont M. Chavero croit retrouver
les ornements symboliques en quelques parties de la sculpture[2].

« L'autre statue, écrit le savant archéologue dans le mémoire
cité plus haut sur la *Piedra del Sol*, représente un beau jeune
homme aux yeux vifs faits d'ivoire (?), il a sur l'épaule les rayons
symboles de la lumière et le faisceau de quatre feuilles qui
forme le cycle ou *xiuhmolpilli* ; sur sonmantelet (*ayatl*) se voit
une bordure d'étoiles dans l'azur du firmament. Quelques-uns
croient que ce pourrait être Huitzilopochtli, ajoute M. Chavero,

si une nouvelle combinaison n'intervenait. C'est celle des « nueve Dueños,
Señores o Acompañados de la noche. » des neuf gardiens, seigneurs ou
accompagnateurs de la nuit, superposés sur le *tonalamatl* aux signes des jours
dans chaque treizaine, et dont les combinaisons avec ces jours et ces treizaines
peuvent s'élever au nombre de 2340, puisque $20 \times 13 \times 9 = 2340$.
Au *huitième* jour de la septième treizaine, *Miquiztli*, gardien de la nuit, est
superposé à *Miquiztli*, signe du jour, et ce qui fait *huit Miquiztli Miquiztli*.
1) Fr. B. de Sahagun, *Histoire des choses de la Nouvelle Espagne*, liv. IV,
ch. XIII, trad. fr. de Jourdanet et Siméon. Paris, 1880, p. 258.
2) « La otra estatua, écrit M. Chavero, dans le mémoire cité plus haut sur
la *Piedra del Sol* (p. 298) est un mancebo hermoso, con ojos vivos formados
de morfil : tiena à la espalda los rayos simboles de la luz, y el haz de cuatro
hojas que forma el ciclo o *xiuhmolpilli* ; y en su *ayatl* se ve aùn una orla de
estrellas en el azul del firmamento. Algunos quieren que este dios sea Huitzilopochtli... entonces serian la madre y el hijo, ajoute l'auteur en rapprochant les
deux figures, puis il ajoute : Parecen *Xiuhtecuhtlitletl* y *Coatlicue*, el dia y la
noche, el creador y la destructora, la vida y la muerte, los dos dioses que
estan à los extremos de la humanidad en el movimiento eterno de los mundos. »

les deux divinités seraient alors le fils et la mère. « Elles me paraissent être, continue-t-il, Xiuhtecuhtlitletl[1] et Coatlicue, le jour et la nuit, le créateur et la destructrice, la vie et la mort.

Fig. 59. Naubecatl, statue symbolique de Tehuacan de las Granadas
(d'après un moulage conservé au Musée d'Ethnographie).

les deux divinités qui dominent les extrèmes de l'humanité dans le mouvement éternel des mondes. »

1) La figure de Xiuhtecuhtlitletl, qui revient si fréquemment dans le *tonalamatl* comme symbole du premier « *de los senores o acompanados de la noche* » n'a rien de commun avec l'hiéroglyphe, dont le lecteur a la reproduction sous les yeux (fig. 60) et la description de son image dans Sahagun (*trad. cit.*, p. 28 et suiv.) ne suggère aucun rapprochement avec celle de la deuxième statue de Tehuacan.

La lecture de l'hiéroglyphe occipital qui a échappé à l'attention de M. Chavero, ne confirme point sa manière de voir. Cet hiéroglyphe représente en effet une tête d'animal fantastique (fig. 60) au grand œil ovale, au nez relevé en une sorte de petite trompe, à la bouche ouverte d'où l'on voit sortir une langue bifide et pendante, et un gros crochet latéral. Cette tête, entourée de rayons (on en voit neuf dans le profil) est la tête symbolique de Ehecatl, la personnification du vent, l'une des manifestations les plus vénérées du dieu Quetzalcoatl[1].

A droite du signe hiéroglyphique sont quatre signes numé-

Fig. 60. Hiéroglyphe représenté en relief sur l'occiput de la
statue de Nauhecatl.

riques et l'ensemble se lit *Naui* (quatre) *Ehecatl* (vent) et par contraction *Nauhecatl*.

Nauhecatl (quatre vents), quatrième jour de la septième trei-zaine, était encore un jour fort important dans le *tonalamatl*. « On tuait ce jour-là, nous dit Sahagun, les malfaiteurs qui étaient en prison , le roi avait la superstition d'y faire sacrifier quelques esclaves. *Les marchands et les négociants affichaient et vantaient les joyaux qu'ils mettaient en vente, les exposant au grand jour pour que tout le monde les vît et, la nuit étant venue, ils man-geaient et se livraient à la boisson. Ils se pavanaient alors sous les fleurs, continue le vieil historiographe, fumaient leurs tubes parfumés et s'asseyant sur leurs sièges, chacun commençait à se vanter des gains qu'il avait faits, des pays lointains où il était parvenu, et il parlait des autres avec mépris, disant qu'ils valaient peu de chose, qu'ils étaient moins riches et qu'ils*

1) Ce type de *Ehecatl* paraît dérivé par une série de déformations successives de celui du singe soufflant qui représente si souvent le Dieu.

n'avaient pas été en pays aussi lointains. Ils faisaient ainsi grand bruit les uns et les autres jusqu'à une heure avancée de la nuit [1].

Et plus loin, revenant sur ce jour de *nauhecatl* qu'il qualifie d'indifférent soit en bien soit en mal, mais dont il dit pourtant que chacun se méfiait, et qu'il était de mauvais augure ; il nous raconte que, pendant sa durée, l'on tuait la nuit ceux qui s'étaient rendus coupables d'adultère, pour les jeter à l'eau aussitôt le jour venu ; qu'on mettait des cardons aux fenêtres pour faire fuir les sorciers et les nécromanciens qui opéraient, ce jour-là, leurs enchantements et leurs maléfices, que les *acxoteca* (marchands riches) honoraient le signe *nauhecatl* par les sacrifices et les cérémonies dont il a déjà parlé et qu'il raconte de nouveau avec prolixité [2], etc., etc.

Nauhecatl, dont ces extraits de Sahagun mettent déjà bien en lumière le rôle particulièrement important dans le calendrier, ne présidait pas seulement le quatrième jour de la septième treizaine qui lui était consacré. Il tenait la treizaine toute entière sous sa domination, et c'est sa représentation symbolique que l'on peignait au centre de la page correspondante du *tonalamatl* [3]. C'est un personnage surchargé d'ornements bizarres et compliqués que le statuaire a nécessairement supprimés pour la plupart en lui laissant seulement un mantelet (*ayatl*) simplifié, formé de découpures qui lui pendent dans le dos, le devantier

---

1) Sahagun, *trad. cit.*, p. 80.
2) Les marchands riches appelés *acxoteca* honoraient le signe de ce jour, et c'est pour cela qu'ils mettaient en évidence toutes les belles choses qu'ils avaient dans leurs maisons, comme pierres précieuses, riches joyaux, plumages de couleurs variées, peaux d'animaux travaillées, marchandises de cacao, couvercles en écailles pour *tecomates*, tous les bijoux enfin qu'ils possédaient. Ils plaçaient ces objets en ordre sur une étoffe riche dans la cour du *capulco* ; ils brûlaient en même temps de l'encens et ils offraient du sang de cailles. Ils disaient que c'était en l'honneur de ce signe qu'ils étalaient ces belles choses comme s'ils les avaient exposées au soleil pour les réchauffer. Après avoir fait leurs dévotions, tous les marchands et invités commençaient à prendre part au banquet. Chacun recevait des fleurs et des roseaux à fumer ; bientôt la fumée formait autour d'eux comme un brouillard. La nuit étant venue, les marchands, les vieillards et les vieilles femmes s'enivraient. Alors chacun se vantait de son gain, des pays qu'il avait parcourus, etc., etc. » (Id., *trad. cit.* p. 257.)
3) Kingsborough, t. II, *Cod. Vatic.*, 41.

ou *maxtli*, et les jambières ornées de petites coquilles qui décorent presque constamment le dieu Quetzalcoatl[1], dont Ehecatl n'est qu'une des manifestations. Un creux, percé au-dessous des cordons du mantelet, recevait le *joël* du vent fait de la coquille sciée d'un grand strombe et d'autres petits trous ménagés au pourtour de la face pouvaient loger les supports de quelque grande tiare mobile surmontant le demi masque qui cache en partie la face du dieu dans le *Tonalamatl*.

Mobile était aussi l'insigne que le dieu tenait de la main droite relevée jusqu'à la hauteur de l'épaule.

M. Chavero, revenant sur son interprétation première, a émis dans un nouveau chapitre de son étude l'opinion que l'objet disparu de la main droite de notre statue devait être une lance, et cette hypothèse l'a conduit à voir dans notre personnage le compagnon militaire de Quetzalcoatl, Totec qui, en effet, a souvent la lance à la main[2].

Mais si l'artiste avait réellement voulu armer d'une lance la droite de sa statue, comme le pense M. Chavero, il aurait fait ce que savaient si bien faire les sculpteurs mexicains; il aurait complètement évidé la paume de la main pour y glisser la hampe en métal ou en bois qui devait porter haut la pointe et le panache de l'arme sacrée, tandis que le pouce vient s'appliquer

---

1) Cf. Sahagun, *trad. cit.*, p. 16.

2) M. Chavero a changé d'idées, comme je l'ai dit plus haut, pendant la période de temps qui a séparé la publication des chapitres xvi et xviii du mémoire sur la *Pierre du Soleil*. Dans ce dernier chapitre, en effet (*Anales del Museo Nacional*, t. II, p. 427), il déclare que « el idolo de piedra blanca, compañero de la *Miquiztli* (il appelait celle-ci *Contlicue*, dans les textes cités plus haut), que está en el Salon de arriba en el Museo tambien es *Totec*. En el hueco de su mano derecha se ve claramente que debio tener la lanza; en sus paños se observan huellas de astros, rojos y blancos segun costumbre, sobre cielo azul; y en la espalda tiene los cuatro fajas de los *tlalpilli*, ó sea el cielo de 52 años. y de el penden los tres rayos de los tres astros. » M. Chavero a reproduit cette interprétation presque dans les mêmes termes dans la note *l*, annexée au catalogue déjà cité de MM. G. Mendoza et J. Sanchez (*Anales del Museo Nacional*, t. II, p. 484). « Segun estudio que últimamente se hecho y publicado en el segundo tomo de los *Anales del Museo*, este idolo representa á Totec. Le falta la lanza que empuñaba en la mano derecha, cuya actitud claramente se observa; y le faltan tambien los adornos del *capillo* ó tocado, en el cual se ven los pequeños agujeros que los sostenian. Pero pueden observarse aún claramente, en su vestido, los adornos de estrellas sobre cielo azul, y á la espalda las cuatro fajas de los *tlalpilli*, que formam el cielo de 52 años, y los rayos de los tres astros, sol, luna y estrella de la tarde.

à plat sur la main légèrement entr'ouverte, et qui n'offre plus qu'une sorte de douille incomplète à l'objet plus ou moins raccourci qu'elle doit soutenir. Cet objet devait être, à mon avis, le rayon que M. Gumesindo Mendoza reconnaît à la même place dans la peinture du Codex Vaticanus [1]. Dans l'autre main, en partie brisée, mais où se distinguent encore les restes d'une excavation cylindrique, pouvait être placé le sceptre serpentiforme que brandit Quetzalcoatl-Ehecatl, quand il commande aux quatre vents du ciel.

La seconde statue de Tehuacan représente donc, dans mon sentiment, Nauhecatl. Or, comme rien dans les qualités ou dans les attributs propres à cette manifestation spéciale de Quetzalcoatl ne justifie un parallélisme rigoureux établi entre cette idole et celle de Chicuei-Miquiztli, je me suis demandé si l'on ne pourrait pas expliquer le rapprochement de ces deux œuvres, en y cherchant autre chose que des pendants symétriquement opposés l'un à l'autre. Or *naui-ehecatl* et *chicuei-miquiztli*, dont les hiéroglyphes mystérieux se dissimulent derrière les têtes de nos deux personnages, sont deux termes, le quatrième et le huitième, d'une tridécatéride, qui est la septième du *Tonalamatl*, appelée *ce-quiauitl* du nom de son signe initial. Onze autres statues de même grandeur et de même style pouvaient fort bien avoir orné avec les deux qui nous restent un téocalli consacré à Quetzalcoatl-Ehecatl, adoré spécialement sous sa forme de Nauhecatl, ou maître des quatre vents du ciel.

Des fouilles nouvelles pratiquées à Tehuacan feront peut-être découvrir quelque jour d'autre têtes d'idoles décapitées par les moines du xvi° siècle.

Si l'un ou l'autre de ces débris porte un hiéroglyphe de la série *ce-quiauitl*, l'hypothèse que je me permets d'émettre en terminant ce court mémoire se trouvera complètement justifiée.

---

1) G. Mendoza, *Mitos de los Nahuas*, IV. (*Anales del Mus. Nac. de Mexico*, t. III, p. 32, lam. 3, fig. 3, 1882. Ce rayon est plutôt un nœud dans la figure correspondante du manuscrit Letellier.

ANGERS, IMPRIMERIE BURDIN ET Cᶦᵉ, RUE GARNIER, 4

www.ingramcontent.com/pod-product-compliance
Ingram Content Group UK Ltd.
Pitfield, Milton Keynes, MK11 3LW, UK
UKHW022356120726
13694UKWH00005B/1899